AF562936

PREMIÈRE

AUX ÉLECTEURS

EST-CE LA RÉPUBLIQUE ?

PAR

EUGÈNE PELLETAN

PARIS
ERNEST LEROUX, ÉDITEUR
28, RUE BONAPARTE, 28

1876

Est-ce la République ? Telle est la question qui a été posée à Aix dans une réunion privée.

J'ai recueilli, de souvenir, la réponse qui lui a été faite, et, pour élargir l'auditoire, je la public aujourd'hui sous forme d'épître aux Électeurs.

Cette *première* sera suivie d'une *seconde* et peut-être d'une *troisième* sur la Politique du ministère, et sur la candidature officielle.

Mais avant de retourner au devoir, c'est-à-dire au combat, je ne saurais prendre congé des électeurs d'Aix sans les remercier de leur bienveillant accueil.

3 *Novembre* 1875.

EST-CE LA RÉPUBLIQUE?

I

Je viens vous rendre compte du double mandat que la démocratie des Bouches-du-Rhône m'a confié: une première fois, en 1869, — bien que ce mandat soit resté au fond de l'urne, par un acte d'escamotage qui semble passé à l'état de tradition dans ce département, — et une seconde fois, en 1871, dans ce deuil national de l'invasion qui avait jeté un crêpe sur l'opinion. La France ne voyait plus clair: elle votait à tâtons.

En 1869, je vous apportais l'Empire, ou plutôt je le traînais derrière moi, comme un prisonnier traîne sa chaîne; car sous le régime du 2 Décembre la France n'était qu'un bagne de trois cents lieues où le garde-chiourme avait seul la parole.

Je n'avais alors à vos yeux qu'un mérite, c'était d'être resté debout au milieu de la prostration de l'Empire. Je venais parmi vous chercher des hommes. Je les ai trouvés. Depuis lors, de loin, comme de près, nous avons toujours pensé et vibré à l'unisson.

Aujourd'hui je vous apporte la République. Je vous l'apporte, j'ose le dire, fortifiée de quatre années d'existence — précaire à la vérité — mais enfin d'existence; fortifiée de toutes les fautes en même temps que de toutes les impuissances de ses adversaires ; fortifiée de toutes les recrues qu'elle a conquises dans la nation par la modération aussi bien que par l'abnégation de notre politique ; fortifiée, enfin, de toutes les forces d'une Constitution qui fait de la République la loi inébranlable du pays.

Mais est-ce bien la République? nous dit-on ; n'en est-ce pas plutôt le simulacre ? Emprisonnée comme elle l'est dans une Constitution monarchique, il suffira, un jour, de transformer le pouvoir électif en pouvoir héréditaire : on enlève ensuite l'étiquette et le tour est joué. La France se sera couchée en République, elle se réveillera en monarchie.

Voilà ce qu'on dit, ce qu'on répétera sans doute plus d'une fois.

Eh bien ! examinons ensemble la question, et pour bien la juger, donnons d'abord la parole, non aux théories de mécanisme constitutionnel, elles pourraient nous tromper, mais aux faits eux-mêmes, ils ne sauraient nous égarer.

Où en étions-nous il y a quatre ans ? Où en sommes-nous aujourd'hui ? Comparons le point de départ au point d'arrivée, et voyons si la République a progressé ou si elle a reculé dans l'intervalle.

La République, assassinée de nuit, au 2 décembre 1851, ressuscite tout à coup au 4 septembre.

Il y avait, deux jours auparavant, à la queue de l'armée française, un spectre d'empereur et de général à la fois : de général dégradé de son commandement sur le champ de bataille pour cause d'ineptie, d'empereur à moitié détrôné par la catastrophe de l'invasion.

Rejeté de l'armée qu'il avait livrée à l'ennemi par une stratégie de somnambule, repoussé de sa capitale par sa propre femme, qui avait appris à le juger et qui le savait aussi incapable de régner que de commander, il errait, les yeux fermés, à la recherche du destin, dans la direction de Sedan.

Il allait y engouffrer notre dernière armée sur l'ordre de l'impératrice. Périsse la nation, mais sauvons la dynastie ! Pendant que l'armée combat et meurt il déjeune tranquillement ; mais les obus sifflent trop près, ils troublent son repas ; il fait arborer le drapeau blanc, un général le fait abattre. Sa Majesté effarée le fait arborer de nouveau, et de crainte que l'ennemi ne l'aperçoive pas suffisamment, elle le fait hisser plus haut encore.

C'est lui qui avait voulu la guerre, et quand nous disons qu'il l'avait voulue, nous lui faisons peut-être tort d'une volonté. Ce reste d'homme n'avait plus même la force de vouloir. C'est sa femme qui voulait pour lui, de concert avec la camarilla du 2 Décembre dépossédée du pouvoir par l'évolution de l'Empire vers quelque chose qui ressemblait au parlementarisme.

Le suffrage universel se permettait de s'émanciper de plus en plus, peut-être finirait-il par se déclarer souverain d'un souverain d'aventure qui ne prétendait tenir son pouvoir que du suffrage universel lui-même, et après avoir dévoré le régime dictatorial de la première heure, il menaçait d'engloutir l'empire parlementaire de la seconde. Or, pour ressaisir un pouvoir délabré il fallait, de toute nécessité, le retremper dans la victoire, et une écuyère espagnole, faite impératrice, jeta la France dans la guerre, avec la même étourderie qu'elle lançait sa jument à la poursuite d'un cerf à Compiègne.

Guerre folle, follement déclarée, follement préparée, plus follement conduite par un empereur décrépit, qui, pour masquer l'infériorité de son armée, ne trouva rien de plus ingénieux que de l'étirer en un long rideau, sur soixante lieues de frontières, de sorte que l'ennemi n'avait qu'à frapper un coup, n'importe sur quel point de la ligne, pour pénétrer, du premier choc, jusqu'au centre de la Champagne.

Oui, cet homme avait voulu la guerre, il l'avait voulue, dût la France y succomber, il l'avait voulue sur un geste de sa femme et dans l'intérêt de ce qu'il appelait sa dynastie. Et quand vaincu à Sédan et le front couvert de sa dernière couronne, de la pâleur de sa lâcheté, il rend au vainqueur une épée laissée au fourreau, pendant toute la durée de la bataille, que fait-il ?

Le premier mot d'un Français digne de ce nom eût été de dire : Ce n'est pas la France qui a voulu la guerre, c'est moi ! d'autant plus que le roi de Prusse avait déclaré qu'il faisait la guerre non à la France mais à l'empereur. Il eut ainsi essayé de détourner sur sa tête la colère de l'ennemi, et il eût donné à sa défaite la grandeur du sacrifice.

Mais non, une semblable immolation de sa personne à la France, était au-dessus de la portée d'un misérable jouisseur, qui ne songeait alors qu'à retourner aux voluptés des Tuileries sur vingt mille cadavres.

— C'est la France qui a voulu la guerre, dit-il, pour attendrir l'ennemi et mendier de sa pitié un dernier morceau de couronne. Cet homme n'avait pas dans les veines une goutte de sang français, il n'était pas un fils de la France, il n'en était qu'un bâtard.

II

Après l'invasion provoquée par son propre aveuglement, l'Empire avait prononcé sur lui-même son arrêt de déchéance, et il le sentait si bien le premier qu'il avait fait ses malles d'avance, et qu'il avait expédié à Dieppe ses papiers d'Etat.

Le 4 septembre, à midi, on cherche l'Empire de l'œil et on ne le trouve plus ; ce fut en quelque sorte une Révolution sans Révolution ; personne ne l'a faite ; elle s'est faite d'elle-même ; elle était déjà accomplie avant d'éclater. A Lyon, à Marseille, à Nantes, à Bordeaux, à Versailles, à Paris, partout à la fois, sans autre entente préalable que la conspiration instantanée du dégoût, la France revomit l'Empire.

Où étaient-ils donc alors tous ces souteneurs de la quatrième dynastie, tous ces coupejarrets du 2 Décembre qui avaient déployé tant de courage à surprendre de nuit une population désarmée ? Où étaient les ministres ? évanouis ; où étaient les courtisans ? cachés ; où étaient les chambellans que la cassette impériale payait deux cent mille francs par an à condition qu'ils voulussent bien subir l'honneur d'être marqués d'une clé sur l'épaule ? Où ils étaient ? sur les coussins des express en partance ; où étaient les sénateurs ? une heure auparavant ils juraient intrépidement de mourir sur leur chaise curule, et quand il prit fantaisie à un curieux de voir comment les derniers Romains du Luxembourg tenaient leur parole, il ne trouva qu'un escadron de gendarmerie à cheval, le sabre au poing, devant la porte fermée d'un palais vide.

Ce fut un sauve qui peut général, la débandade de la dernière Courtille, la Courtille impériale ; et cependant ce jour-là aucune amorce ne fut brûlée, aucun cri de vengeance ne fut poussé ; l'impératrice, abandonnée et comme oubliée aux Tuileries ne trouva que le bras d'un chirurgien-dentiste pour la conduire à un cabriolet de louage. Elle avait eu la bonté d'avoir peur, le peuple n'y songea même pas ; c'était une femme ; il passa.

Le 4 Septembre ressembla plutôt à une fête qu'à une révolution ; on eût dit que la République, égorgée dix-huit ans auparavant n'avait pas cessé d'exister, et que la population endimanchée en célébrait l'anniversaire. On se serrait la main, on s'embrassait dans la rue, on se sentait soulagé, on se voyait délivré.

Délivré oui, mais d'un seul ennemi ; il n'était pas besoin de mettre l'oreille à terre pour entendre de trop près hélas ! les roulements sourds des caissons Prussiens.

La République, sortie comme une nécessité de défense et comme une acclamation de la France, du milieu de la poussière de l'effondrement de l'Empire, offrit du premier jour la paix à la Prusse, et pour la conclure, sollicita un armistice. La Prusse ne lui répondit qu'en traitant la France en nation insurgée, qu'en lui disant : Mettez bas les armes, et quand vous nous aurez livré les clés de Paris, alors, mais seulement alors, je vous signifierai les conditions de paix que je croirai devoir vous infliger.

C'était la honte qu'on nous présentait à signer, plus que la honte, peut-être ; car, qui sait ? Dans ce premier étourdissement de l'Europe qui n'avait pas eu le temps de s'apercevoir que dans la France trop vaincue, c'était elle-même qui était vaincue à son tour, — qui sait, dis-je, quelle main-basse sur elle-même la patrie eût eu à subir de la part d'un ennemi qui croit qu'en fait de politique internationale on ne doit autre chose à son voisin que de lui faire le plus de mal possible.

Il fallait bien continuer la lutte ; autrement Ferrière eût été un autre Sedan, un Sedan moral plus désastreux peut-être que l'autre. Un peuple peut perdre une bataille et garder son rang, quand il met son cœur à la hauteur de la défaite, et qu'il montre par son énergie qu'on peut l'écraser, qu'on ne saurait l'avilir ; mais quand un peuple a perdu l'honneur en montrant que l'arrogance du vainqueur trouvera encore en lui plus de platitude, il n'y a qu'à tourner la page, ce peuple n'est plus.

Certes nous autres, hommes du Gouvernement de la Défense nationale, nous ne nous faisions pas illusion en entrant le 4 septembre à l'Hôtel-de-Ville. Nous savions que l'empereur avait enseveli à Sedan la dernière réserve de la France, sur l'injonction de l'Andalouse régente qui lui avait dit : Si vous rentrez à Paris vous ne régnerez pas demain. Nous avions jeté un coup d'œil sur nos remparts encore couverts d'herbe pour toute défense, et nous nous disions : Si le dernier mot reste à la Prusse, comme il n'est que trop possible dans le délabrement militaire où nous a laissés l'Empire, la Prusse qui avait pu juger cet homme à Sedan et qui avait pu voir à sa première parole qu'il ne demanderait pas mieux que de rentrer à Saint-Cloud sous une escorte d'honneur de Uhlans, la Prusse, disons-nous, n'hésitera pas à le replacer sur le trône comme un Rajah de l'Inde, un vassal avili du vainqueur. Et alors notre compte était fait, une balle dans la poitrine et tout était dit.

III.

Et cependant si nous n'avions pas pris le pouvoir au 4 Septembre, quelqu'un l'eût pris à notre place, et qui donc ?... le chaos. Car après l'écroulement de l'Empire, sous le coup de l'indignation universelle, après le soulèvement simultané de toutes les villes, toutes sans exception, grandes ou petites, où était, où pouvait être l'autorité morale assez forte pour pacifier le pays et l'unifier contre l'ennemi :

Elle n'était et ne pouvait être alors que dans la République, personnifiée par l'opposition républicaine du Corps législatif. Cette solution était tellement indiquée, tellement acceptée d'avance, qu'elle ne souleva aucune protestation, qu'elle ne rencontra aucune résistance. La République parut alors si bien la condition première de la défense et une injonction de patriotisme qu'on vit accourir sous son drapeau tous les hommes de cœur, sans distinction de parti, et le Vendéen combattre à côté du républicain, comme pour sceller la reconciliation de la France avec elle-même dans le sang versé en commun.

Il a pu se trouver des gens si malencontreusement nés qu'ils ne peuvent comprendre un acte de dévouement ; ceux-là naturellement invisibles, pendant le danger, ont osé affirmer dans des papiers imprimés aux frais de l'Etat que nous n'avions pris le pouvoir au 4 Septembre, que par ambition ou par vanité, car ils ont le cœur ainsi fait que, pour eux, c'est le seul mobile qui puisse entrer en ligne et dont on doive tenir compte, dans l'humanité... bien entendu faite à leur image.

Par ambition? par vanité? Que n'étaient-ils là, à notre place, entre deux feux, un canon de fusil sur la poitrine quelquefois, pendant ce lugubre drame du siége de Paris !... Mais nous les connaissons, ils n'ont pas eux l'ambition du sacrifice, ni la vanité du péril.

Il nous fallait combattre ; nous avons combattu sans armées, sans cadres, sans canons, sans fusils, avec des arsenaux vides, des généraux la plupart retraités, des troupes extraites de la veille du sol, qu'on devait organiser, équiper, exercer en marchant.

Les armées de l'Empire n'avaient tenu que quinze jours devant l'ennemi, les armées de la République, commandées par Chanzy, Faidherbe, Jaureguibery, Jaurès, Denfert, ont pu résister cinq mois, et quels mois? de boue, de glace, de neige, comme si la retraite de Moscou devait avoir une répétition sur le territoire français.

Cette résistance inespérée a frappé l'Europe d'étonnement ; elle lui a donné peut-être le temps de rentrer en elle-même et de sentir qu'après Ferrière nous nous battions pour elle en définitive. N'a-t-elle rien dit ? Qu'a-t-elle dit ? Elle a dû parler, elle a parlé... et, quoiqu'il en soit, nous osons affirmer que la Prusse a compris qu'il n'était pas bon de pousser un peuple au désespoir.

L'histoire du gouvernement de la Défense, n'a pas été écrite ; l'enquête faite par ses ennemis n'en est que la caricature. Il n'y a qu'un historien dans ce monde, c'est le temps ; il n'a pas encore dit son mot ; mais le jour n'est pas loin où il remettra la vérité en place. Ce jour-là, justice sera rendue au gouvernement du 4 Septembre et au jeune tribun de la défense qui sut l'animer du souffle de son patriotisme.

Enfin, après cinq mois d'épreuves noblement portées, de souffrances héroïquement subies, Paris dut céder ; il allait faire la paix. La France le pensa du moins ; elle nomma une Chambre pour la signer. Elle avait cru envoyer à Bordeaux une Assemblée exclusivement pacifique, et elle avait envoyé une Assemblée monarchique en réalité. Comment n'y eût-elle pas été trompée ? La forme du gouvernement n'avait été posée nulle part devant le suffrage universel, et, sur la même liste, on voyait le plus souvent un nom royaliste figurer à côté d'un nom républicain.

IV

Quand le parti monarchique, qui n'était entré dans la Chambre que par surprise et à l'aide d'une réticence, se fut compté et qu'il se vit en majorité, il déclara l'Assemblée constituante ; il invoqua la souveraineté nationale pour avoir le droit de l'immoler, et de mettre à la place du peuple, dont il tenait son mandat, un homme, le comte de Chambord.

Le danger d'une restauration impériale était écarté du moment que la Prusse renonçait à nous infliger « cette dernière humiliation », selon le mot de M. de Bismarck. Mais la République ne semblait échapper à l'Empire que pour retomber dans la royauté. Il ne paraissait douteux pour personne qu'une fois la situation liquidée, la rançon de la paix soldée, la majorité ne rejetât sur la République, cette grande immolée de tous les temps et cette victime expiatoire des fautes de la monarchie, la responsabilité des tristesses de la paix et des charges nouvelles accumulées sur le pays pour racheter notre territoire. Alors elle eût imposé au nom du peuple souverain, qu'elle invoquait et trahissait dans un même acte, sa vieille monarchie traditionnelle, et nous l'eût présentée dans son langage mystique comme la Notre-Dame de Bon-Secours, ou la pieuse sœur de charité chargée par la Providence de panser toutes nos plaies et de guérir toutes nos souffrances.

Sans doute M. Thiers, désigné au pouvoir par une élection tant de fois répétée qu'elle ressemblait à un plébiscite, avait jugé du premier coup d'œil le péril de la situation ; il avait compris que pour réorganiser l'armée, que pour rassurer le crédit, que pour relever la nation, que pour courir, en un mot, au plus pressé, il était indispensable d'ajourner dans l'Assemblée toute compétition, toute querelle domestique sur la forme définitive de gouvernement. C'est au nom de la République que la Chambre avait été élue, elle continuerait de siéger au nom de la République, qui garderait simplement le bénéfice de la place occupée : l'*uti possidetis*, comme en matière diplomatique, avec la réserve écrite en marge : article à revoir.

— J'ai reçu la République en dépôt, ajoutait M. Thiers, je la restituerai fidèlement, telle quelle, à l'Assemblée ; et pour donner en quelque sorte une caution à sa parole qui n'en avait pas besoin, il choisissait la moitié du ministère dans le parti républicain, dans le gouvernement même de la Défense, et il confiait le portefeuille de l'instruction publique à l'homme qui comprenait le mieux que le secret de la rédemption de la France reposait dans l'école encore plus que dans la caserne, car telle nation intellectuelle, telle nation militaire; c'est l'histoire d'hier.

Le pacte de Bordeaux toutefois n'était qu'un sursis. La forme du gouvernement restait toujours en question. C'était la vie au jour le jour... quand tout-à-coup l'insurrection de la Commune éclata : lutte funèbre où le canon français répondait au canon français sous l'œil de l'armée Prussienne. Il nous semblait dans ces longs mois d'un second siége que chaque détonation emportait un lambeau de la patrie avec un lambeau de notre âme, et en voyant, au dernier acte, Paris en flammes, nous nous disions amèrement: c'est la République qui monte sur le bûcher.

Nous nous rappelions cette autre insurrection de Juin, où le bonapartisme avait aussi la main plongée jusqu'au coude, nous nous rappelions qu'alors la France s'était rejetée, d'un bond en arrière, dans une effroyable réaction ; elle appela éperdûment dans le vent un sauveur... La même cause ne pouvait manquer de produire le même effet ; il n'y avait plus qu'à laisser tomber le drap mortuaire sur le front de la République.

Nous avions méconnu la France et nous lui en demandons pardon : le temps des folles terreurs était passé pour elle ; après s'être un peu trop abandonnée au mois de février, elle se ressaisit au mois de juillet suivant ; elle avait pu désirer la paix, elle n'avait pas entendu glisser la monarchie, sous forme d'apostille, dans le traité de Francfort.

La nation consultée dans cent et quelques colléges signifia clairement sa volonté en nommant cent députés républicains ; c'était une armée de secours qu'elle envoyait à M. Thiers, et l'homme d'Etat, appuyé sur ce témoignage de l'opinion publique, put faire appel au crédit pour libérer le territoire. Et le crédit, ce patriotisme de l'écu, lui répondit en couvrant vingt fois pour une le chiffre de l'emprunt.

Alors, M. Thiers, républicain d'abord de résignation, puis de conviction, trouva que le moment était venu de passer du précaire au stable, et de donner au gouvernement une consécration indispensable à notre sécurité à l'intérieur et à notre influence au dehors ; il soumit à l'Assemblée un projet de Constitution où loin d'entrer avec fracas par la porte d'honneur ouverte à deux battants, la République passait modestement sur la pointe du pied, par l'entrebâillement du guichet.

Vous connaissez la réponse de la coalition monarchique aux propositions constitutionnelles de M. Thiers ; elle le renversa du pouvoir, et elle choisit à point nommé, pour ce croc-en-jambe parlementaire le jour où le dernier soldat Prussien venait de quitter notre territoire, comme pour châtier M. Thiers du service qu'il venait de rendre au pays. Va-t-en ! tu nous gênes, tu as trop de droits à la reconnaissance.

Ah ! cette fois c'en est fait de la République, le 24 mai est son coup de grâce ; il n'y a plus qu'à rédiger son épitaphe.

V

Mais M. de Broglie avait entrepris au 24 mai une œuvre contradictoire qui ne pouvait réussir que pour avorter. Il n'était parvenu à exécuter M. Thiers qu'en raccolant contre lui tous les partis hostiles à la République : le légitimisme, l'orléanisme, le bonapartisme. Au légitimisme il avait dû laisser entendre qu'il allait rappeler immédiatement la royauté ; au bonapartisme qu'il allait maintenir l'interrègne, et à l'orléanisme que l'intérim n'était qu'un acheminement à la monarchie citoyenne de juillet, de sorte qu'après la victoire de la coalition, il ne pouvait rester dans le *statu quo* ni en sortir. S'il y restait, le parti légitimiste criait à la perfidie : s'il en sortait, le parti bonapartiste criait à la trahison. Il dut cependant accepter ou plutôt subir une tentative de restauration.

Mais pour cette œuvre de haute comédie politique, il fallait rapprocher la branche aînée de la branche cadette et les appeler désormais la Maison de Bourbon. L'opération offrait quelque difficulté. Louis-Philippe avait pris révolutionnairement le trône de son neveu ; il avait forcé la duchesse de Berry d'accoucher sur la place publique, genre de supplice nouveau dans l'histoire. La hache avait pu frapper Marie-Antoinette ; elle tuait la reine, mais elle avait respecté la femme. Des deux bourreaux, le plus cruel était encore la sage-femme ; l'un n'ôtait que la vie, l'autre attentait à la pudeur.

Le comte de Paris dut aller à Frhosdorff reconnaître tout cela ; il dut confesser, ne fût-ce que par sa démarche, que son aïeul n'avait été qu'un communiste de couronne. Après cet acte de repentir ici et là de magnanimité, les deux cousins scellèrent d'un baiser réciproque sur la joue l'un de l'autre, la réconciliation définitive, — jusqu'à nouvel ordre, — de la maison de Bourbon. Il vaudrait la peine de savoir de quel œil ils se sont regardés après ce baiser, et lequel des deux a baissé la tête le premier.

Pendant ce temps, les maquignons de l'affaire traitaient des conditions auxquelles la France devait être livrée. On était pressé, on ne s'expliqua sur rien de peur de ne pas s'entendre et en se séparant on se déclara de part et d'autre parfaitement satisfait de l'explication. Il ne restait plus à régler qu'une question de teinture sur la couleur du drapeau.

On s'était compté d'avance, on se croyait assuré de la majorité ; on l'affirmait du moins — quand un matin Paris apprend à son réveil, en ouvrant son journal, que le comte de Chambord ne consent à régner qu'au même titre et en vertu du même droit que Louis XIV, c'est-à-dire sans autre charte que Dieu, sans autre contrôle que son confesseur. La République avait encore le temps de respirer.

M. de Broglie accepta-t-il et encouragea-t-il de bonne foi cette conspiration de grande route pour ramener en France la légitimité ? eut-il l'intention de la faire aboutir ou de la faire échouer ? Peut-être ne pourrait-il fournir lui-même la réponse ; car il eût été plus embarrassé du succès que de l'avortement de la fusion.

Quoi qu'il en soit, il a donné au parti légitimiste le droit de lui dire : Vous m'avez trompé ; à quoi il réplique : Vous vous êtes trompé vous-même. Tous deux ont raison car ils n'avaient fait alliance que dans l'équivoque et chacun avait le droit de l'interpréter à sa manière. Il n'y a pas de dupe quand on consent d'avance, entre soi à duper, ou à être dupé.

VI

Depuis l'avénement de M. Thiers au pouvoir, M. de Broglie avait vu le suffrage universel voter invariablement pour la République avec une ponctualité qui ressemblait à une discipline. A quoi pouvait tenir cette victoire opiniâtre de la République? A la sympathie du suffrage universel? Ce n'était pas possible. Au mérite du parti Républicain? C'était encore moins probable. Cette victoire dans la pensée de M. de Broglie ne pouvait tenir qu'à une chose, à la connivence de l'administration. Il n'avait, pour ramener le scrutin à de meilleurs sentiments, qu'à changer les préfets, il les changea; qu'à remplacer les sous-préfets, il les remplaça; qu'à révoquer les maires suspects, il les révoqua; dût-il révoquer du même coup une loi de la veille, inspirée, votée, et imposée à M. Thiers par M. de Broglie et ses amis.

Maintenant qu'il a renouvelé l'administration de fond en comble et qu'il l'a soigneusement expurgée de tout élément démocratique, maintenant que grâce à la centralisation, reconstituée de toutes pièces il a les mains posées sur toutes les touches de l'instrument, l'instrument ne saurait manquer de rendre sous ses doigts le son qu'il espère en tirer... Mais, hélas! le suffrage universel, malgré le talent du virtuose n'en continua pas moins de résonner pour la République.

A quelle puissance néfaste fallait-il attribuer une semblable déconvenue? Il ne restait, au parti républicain, d'autre arme que la presse, M. de Broglie déchargea sur elle toute l'irritation de son impuissance électorale; grâce à l'état de siége qui lui donnait droit de vie et de mort sur les journaux dans quarante départements, il suspendit, supprima, chassa de la voie publique les trois quarts des feuilles atteintes ou convaincues de républicanisme.

Il est vrai qu'au premier moment il eut préféré les corrompre ou les acheter. Cela fait moins de scandale et vous laisse sur la figure votre grimace de libéralisme. Ce fut la première pensée de cette circulaire, à la fois cynique et honteuse, dont M. Pascal dut endosser la rédaction et M. Beulé la responsabilité. Après cette tentative d'embauchage sur l'âme du pays, l'infortuné ministre n'eut plus la force de vivre ; il eut besoin de dix coups de couteau pour trouver la place de son cœur.

M. de Broglie perdu dans le brouillard de sa politique n'avait pas aperçu que la légitimité n'était dans nos campagnes qu'une légende assez mal famée, que l'orléanisme n'était pas même un souvenir, et c'est ce qu'il y avait pour lui de plus flatteur, que le parti bonapartiste seul avait déposé sur le sol pendant les dix-huit dernières années un personnel administratif, dressé par l'Empire à tous les petits métiers de la candidature officielle et inféodé à corps perdu à la fortune du dernier rejeton de Napoléon.

Or, en engageant une guerre à outrance contre le parti républicain, le seul qui pût contrebalancer l'influence bonapartiste ; en l'expulsant ou en l'excluant de toute fonction municipale, M. de Broglie n'avait plus qu'à fouiller dans la garde-robe impériale, pour en extraire la défroque de l'Empire et en faire la parure de la plupart des communes. Ce fut ainsi qu'il parvint à galvaniser le bonapartisme à ce point que le cadavre parut produire un moment l'illusion d'un vivant.

A quoi en définitive avait abouti la politique de taupe de M. de Broglie? il n'avait pas pu faire la monarchie, si tant est qu'il l'ait désirée, il ne voulait pas faire à coup sûr la République. « Je ne me donnerai jamais le ridicule d'être républicain, » avait-il dit fièrement, et cependant l'Assemblée s'était déclarée Constituante; donc elle devait constituer, et si elle ne constituait pas elle devait repasser son mandat à une autre Assemblée, car elle ne pouvait le retenir uniquement pour l'annihiler et priver indéfiniment la France d'une Constitution.

La dissolution était la conclusion forcée de cette politique d'impuissance, et pour conjurer ce péril M. de Broglie inventa le Septennat. Le Septennat n'était qu'un expédient imaginé tout exprès pour fermer la porte à la République et en mettre la clef dans sa poche; on discuta longuement si ce genre de pouvoir serait personnel ou impersonnel... voilà pourtant où en était descendue la langue politique.

M. de Broglie trébucha comme M. Thiers sur son projet ou plutôt son avorton de Constitution, mais en tombant il laissa au pouvoir sa doublure ministérielle aussi impuissante que lui à organiser cette bouffonnerie du Septennat, cette chose sans nom, sans précédent qui n'était ni République ni Monarchie, qui était l'une et l'autre cependant; l'une en apparence, l'autre en perspective; un homme et non une institution; le jour et non le lendemain; le précaire, l'imprévu, le hasard, élevé à la hauteur d'un gouvernement; le peuple Français, en un mot, condamné au supplice de l'incertitude. Cela devait finir par un éclat de rire après le rapport de M. Ventavon, et disparut à jamais dans l'apothéose du ridicule.

Ce fut alors que quelques esprits de bonne volonté auparavant réfractaires à la solution républicaine, comprirent le danger d'une situation qui n'était qu'une prime d'encouragement aux complots du bonapartisme : ils votèrent avec nous l'amendement de M. Wallon, qui assurait au moins la transmission du pouvoir.

Nous vivrions deux vies d'homme que nous n'oublierions jamais cette soirée décisive du 25 février.

Le vote était terminé, le résultat douteux.

VII

Pendant une heure, que dis-je ? pendant une éternité on renouvela l'opération impitoyablement incertaine du pointage ; à chaque épreuve nouvelle, il n'y avait entre le oui et le non, entre la République ou l'abîme, qu'un écart d'une voix, et cette voix vagabonde errait successivement de droite à gauche et de gauche à droite ; après avoir indéfiniment oscillé, elle resta décidément à la République.

Pour juger ce vote, il fallait en lire le commentaire sur la figure de nos adversaires. Ils cherchaient à cacher leur fureur sous la raillerie, mais à travers leur sourire d'emprunt, on voyait aisément que le coup avait frappé à mort le parti monarchique, il n'avait plus qu'à tester et qu'à mourir ; M. de Belcastel accepta bravement l'arrêt, et de sa voix sépulcrale entonna le *de profundis* de la royauté.

Et maintenant je vous le demande à vous électeurs de bon sens, ici réunis, à vous qui vivez loin de nos luttes et pouvez d'autant mieux les juger, pouvions-nous en conscience rejeter l'amendement de M. Wallon ?

Mais le rejeter, c'était préférer le Septennat, c'était le voter après coup, ou tout au moins le contre-signer, c'était accepter le redoutable inconnu du provisoire avec toutes les surprises, toutes les aventures qu'il pouvait renfermer dans ses flancs, c'était jouer le sort de la République au pile ou face des événements ; c'était rejeter la France sur ce lit de douleur où elle ne faisait que se tourner et se retourner, sans pouvoir trouver une heure de repos ; c'était la tenter de la plus horrible tentation, la tentation du salut à tout prix, dût-elle le chercher au corps de garde.

Je ne peux pas, je ne veux pas tout dire ici, il me suffira de vous rappeler qu'un maréchal de France tira un jour son épée à moitié du fourreau et déclara publiquement qu'il la tenait à la disposition de l'Empire. L'acte n'était pas factieux, sans doute, puisqu'il est resté impuni ; un amiral a voulu le renouveler sur son banc de quart; mais la Constitution était promulguée, il a bien fallu le relever de son commandement.

Donc, nous devions voter la Constitution, nous n'avions pas à hésiter une minute. Le danger était là, pressant, menaçant, une heure de retard pouvait être une trahison envers la patrie.

VIII

Mais la Constitution née du mariage de raison du 25 février n'est pas parfaite, nous a-t-on dit.

Eh oui, sans doute, elle n'est pas parfaite ; ce n'est pas celle que j'aurais voté, si mon opinion personnelle avait eu la majorité dans l'Assemblée.

Je ne conteste pas l'importance d'une Constitution chez un peuple libre et l'influence qu'elle exerce sur sa destinée, mais une Constitution ne tient pas tout entière sur une feuille de papier ; à côté du texte écrit, il y a une autre Constitution, la Constitution vivante en quelque sorte, l'âme même du peuple appelée à vivifier la lettre et en développer l'esprit.

Voyez l'Amérique du Nord ; sa Constitution a été rédigée par d'éminents législateurs, mais précisément parce qu'elle était elle aussi l'œuvre d'un compromis, elle eut le don de déplaire à tous les partis ; au parti gouvernemental qui la trouvait trop anarchique, au parti fédéral qui la trouvait trop centralisatrice. Ouvrez la correspondance de Washington et en regard lisez les épanchements de Jefferson, l'un comme l'autre, mais à un point de vue diamétralement opposé ne voient dans la Constitution qu'une République estropiée de naissance; quel éclatant démenti le peuple américain a donné à leur prédiction ; il versa dans cette Constitution déclarée à peine viable, son esprit à la fois démocratique et pratique, et l'Amérique fut... Et ce qu'elle a pu être, en moins d'un siècle, est tel que son histoire ressemble à une mythologie.

Et en opposition à l'Amérique du Nord, voyez l'Amérique du Sud. Elle aussi a secoué le joug de la métropole ; elle a voulu, à son tour, vivre en République ; il y a eu ça et là dans ces différents États, au point de vue de la mécanique appliquée à la politique, bien des Constitutions qui pourraient émerveiller les esprits les plus affamés de perfection en fait de glose constitutionnelle.

Que sont devenues ces Constitutions si bien ordonnées, si admirablement engrenées ? Combien de temps ont-elles duré ? Le temps d'apparaître et de disparaître. Pourquoi? C'est que derrière ces Constitutions, faites pour la volupté des dilettanti de la logique à outrance, il n'y avait pas un peuple suffisamment républicain pour leur donner la vie et leur imprimer le mouvement.

Il ne suffit donc pas de proclamer la République sur une page au courant de la plume. Pour posséder la République ou pour la conserver, il faut encore incarner cette puissance mystique dans une nation républicaine, car si une nation n'est pas républicaine, que deviendra sa République, fût-elle écrite en lettres d'or sur le marbre ? Demandez-le au vent, qui emporte la plante déracinée du sillon.

Et ici, messieurs, je vous prie de bien interpréter ma pensée. Oui, sans doute, après notre première révolution, qui a fait de la France une démocratie et qui a démocratisé jusqu'au sol lui-même par l'égalité de partage, la France qu'elle le connaisse ou qu'elle le méconnaisse, est foncièrement républicaine. Elle l'est de nature, par son Code, par ses champs, par son tempérament éminemment égalitaire ; mais, enfin, la République a, parmi nous, une histoire tour à tour tragique et sublime, et cette histoire, bien ou mal racontée, a laissé contre elle un préjugé dans une portion de la société française. Par timidité d'esprit ou pour toute autre raison, on a longtemps affecté de voir en elle la guerre civile en permanence.

Aussi ceux-là qui la combattent ne la combattent pas en elle-même, et encore moins dans le principe de la souveraineté nationale ; ils savent trop bien que sur ce terrain elle est invincible, invulnérable à la discussion ; ils n'ont pas encore trouvé l'argument qui persuadera jamais à un homme sain de corps et d'esprit qu'il vaut mieux pour lui être sujet que citoyen.

Non, nos adversaires la combattent, dans ce qui n'est pas elle, dans ce qui fut à côté d'elle et contre elle souvent, ce qui fut la colère, l'erreur ou la fatalité du temps et que le temps a dévoré comme l'Océan dévore son écume.

Ceux-là invoquent à tout propos contre la République le danger social, le péril social, le spectre rouge et quoi encore? ce n'est pas à la raison qu'ils parlent; ils redoutent d'avance sa réponse; c'est à la peur qu'ils s'adressent; ils ont besoin de cette alliée, la seule digne de leur parti; ils font sans cesse vibrer en eux et autour d'eux la corde la plus basse du cœur humain, et le plus grand honneur qu'ils croient pouvoir faire à trente millions d'hommes, c'est de les dénoncer au monde comme un peuple de poltrons.

Qu'avions-nous donc à faire en entrant à l'Assemblée? Nous avions à nous attacher avant tout, à dissiper le préjugé si perfidement exploité contre notre opinion. Nous avions à démontrer, par notre attitude, par notre langage, à cette portion encore inquiète ou défiante de la population, que la République n'est pas pour nous un gouvernement de violence ou d'exclusion, qu'elle n'était pas le monopole d'un parti mais la propriété de la France, qu'elle n'avait pas aboli le droit d'aînesse afin de le rétablir à son profit sous une autre forme. Riches ou pauvres, fils de nos ancêtres ou de nous-même, avec ou sans particule, tous y avaient également leur part d'action sans distinction de date et d'origine, et pour exercer ses droits de citoyen il n'était nullement besoin de montrer ses quartiers de républicanisme. Il n'y a que l'esprit de secte qui puisse frapper la terre du pied et dire : la patrie tient tout entière sous ma semelle. On le regarde en souriant et on a répondu.

IX

Un gouvernement n'a droit à l'existence et n'a de chance de durée qu'autant que dans l'ampleur de son principe, et dans la sympathie de son hospitalité, tous les besoins légitimes, tous les intérêts sérieux, tous les groupes, tous les antagonismes même y trouvent leur place et leur sécurité.

Eh bien, messieurs, nous vous le demandons à vous, hommes sincères, nos témoins et nos juges : Est-ce que la République n'a pas rassuré depuis cinq ans, rassuré n'est pas encore assez, n'a pas conquis toutes les classes où, si vous aimez mieux, les situations sociales qui, jusqu'à ce jour, soit dans l'industrie, soit dans le commerce, soit dans l'agriculture, étaient restées à son égard à l'état d'incrédulité ou de réserve ?

Pour elles désormais la preuve est faite ; pour elles la République est une garantie d'ordre, autant que toute autre forme de gouvernement ; on peut manger, boire, dormir, acheter, vendre, toucher son dividende ni plus ni moins que sous la monarchie. Cela leur suffit ; elles sont républicaines. Les élections l'ont prouvé vingt fois pour une, depuis deux ans, et les recettes sans cesse croissantes du trésor ont achevé la démonstration. Quand les écus se mettent à être républicains, c'est que la Monarchie leur paraît un mauvais placement.

N'est-ce donc rien que cela ? N'est-ce donc rien que la France ait enfin un régime légal, quelque chose de stable, et que ce quelque chose soit le régime républicain, et que la République soit la loi des lois ? Pour chercher à la renverser désormais, il faudra être factieux. Or, à l'exception du bonapartisme, ce factieux de nature, qui conspire même au pouvoir, il n'y a plus guère que les préfets de l'ordre moral qui l'attaquent et encore par habitude. M. de Broglie leur en avait donné la consigne ; naturellement M. Buffet a oublié de les en relever.

Mais alors, à quoi bon une constitution si elle est vilipendée par ceux-là mêmes qui devraient la faire respecter ? Elle a juste l'autorité d'un chiffon de papier au coin de la borne. La République cachée plutôt que visible dans un texte hypocrite n'est plus qu'une République en pénitence ; la Constitution n'est plus qu'une formule raffinée, imaginée spirituellement, pour persécuter le seul parti constitutionnel, c'est-à-dire le parti républicain.

Je le reconnais, Messieurs, le 25 février n'a pas changé une virgule au gouvernement de combat ; c'est le même système, c'est le même personnel.

Le ministère précédent les avait choisis l'un et l'autre pour tuer la République, le ministère actuel les conserve pour la fonder.

Et, puisqu'il faut tout dire, je pousserai la franchise jusqu'à vous avouer que je doute par moment de l'identité de patrie. Je me demande si c'est bien en France que je parle à cette minute, ou si, par ce temps de miracles à volonté je ne suis pas victime de quelque nouveau miracle, si ce côté-ci de la Méditerrannée n'aurait pas été tout à coup transporté de l'autre côté, si ce département, en un mot, ne serait pas administré, le sabre au côté, par un pacha à deux queues, dont on estropie le nom turc quand on le prononce en français. Ce pacha, messieurs, c'est l'état de siége.

Je connais et j'ai pu voir tout ce qu'une administration frénétique a pu vous infliger de défis. De quelque côté que je tourne ici les regards, je n'aperçois que journaux républicains passés au fil de l'épée, que cercles républicains fermés, que maires républicains destitués, que citoyens républicains tracassés, traqués. Je sais encore sur quelle échelle et avec quelle effronterie tel maire pratique l'escroquerie électorale, au milieu de vous, au jour de scrutin, mais je sais aussi que grâce à votre longanimité on en a été pour ses frais de provocation. On avait semé l'irritation à pleines mains et on n'a pu récolter que votre patience.

Il y avait lieu d'espérer qu'après le 25 février, le cabinet, renouvelé comme la situation, prendrait un nouveau point de départ; qu'il viendrait au ministère de l'intérieur un homme d'État qui aurait l'âme assez haute et l'intelligence assez ouverte pour comprendre qu'il était temps d'inaugurer une politique en harmonie avec la Constitution républicaine, une politique de détente, de soulagement, d'apaisement, la seule patriotique, la seule honnête, la seule possible, à moins de vouloir déchirer la France en deux, et de camper sur le même sol deux peuples ennemis.

M. Buffet n'a pas été cet homme ; il n'en avait pas la taille. Il a cru que la mauvaise humeur était une inspiration, et il a fait une politique bilieuse contre qui ? Contre le parti hostile à la Constitution ? Oh ! non. Celui-là, il le protége ; mais bien contre le parti constitutionnel, notre parti, messieurs, si, depuis la République, il n'avait cessé d'être un parti pour devenir la nation.

Mais enfin M. Buffet n'est pas, que nous sachions, un article de la Constitution, et ce n'est pas à la façon dont il l'applique, qu'il faut la juger. M. Buffet passera comme M. de Broglie, comme M. de Fourtou, comme M. Baragnon. Sa politique n'est qu'une fin de bail ;

sonne l'heure de la dissolution et la France rentrera en possession de la maison.

En résumé, messieurs, quand nous retournons la tête en arrière, pour mesurer d'un dernier regard le chemin parcouru depuis Bordeaux, que voyons-nous ?

Nous voyons la République précaire au 4 Septembre, déconcertée au 8 février, compromise au 18 mars, naufragée au 24 mai et toujours ébranlée, sans cesse chancelante, traverser cependant d'un pas assuré tous les piéges, tous les obstacles semés sous ses pieds, conquérir de plus en plus les esprits, de plus en plus les entraîner à sa suite et contraindre par la logique irrésistible de la force des choses ses adversaires eux-mêmes à la confesser. La langue aura tourné une fois de plus à Balaam : il voulait maudire et il a béni.

Connaissez-vous une plus belle victoire et une plus glorieuse pour un parti ? Quant à nous, nous serions tentés d'y voir une dispense de modestie, non pas pour nous, — qui sommes-nous ? — mais pour l'idée dont nous sommes le serviteur. Vous le voyez donc, hommes de peu de foi, la République est plus qu'une théorie, plus même qu'une institution : elle est un destin.

Que venez-vous maintenant nous parler de principes violés ? Violés !... mais en fait de principes nous n'en connaissons qu'un qu'on ne puisse méconnaître sans attenter à l'essence même de la République ; c'est le principe de la souveraineté nationale exercé par le suffrage universel, à l'aide des pouvoirs élus pour un temps déterminé.

En dehors de là, il n'y a plus que les droits inhérents au fonctionnement de la souveraineté nationale, sans quoi elle ne serait plus qu'une forme orgueilleuse de la servitude : à savoir la liberté de la presse, la liberté de réunion, la liberté d'association, toutes les libertés enfin, car elles ne forment entre elles qu'une famille.

Quant au reste, de quelque nom qu'on le nomme, Assemblée unique, Assemblée en double, droit de dissolution, président à une tête ou à cinq têtes comme le Directoire, président irrévocable pendant la durée de son mandat ou révocable à volonté, ni plus ni moins qu'un ministre, par un coup de majorité ; question d'expérience tout cela, d'application ou d'opportunité, matière à discussion, thèse à vérifier ; mais quand un peuple possède le suffrage universel, il possède tout d'avance : il n'a qu'à vouloir et qu'à voter.

Que la République nous ait donné du premier coup ce que nous étions en droit d'en espérer, nous aurions mauvaise grâce à le dire, car il n'est pas un acte du gouvernement qui ne nous infligeât un démenti ; le temps sans doute, n'a pas encore ouvert sa main et laissé tomber sur nous tous les progrès qu'il tient en réserve.

Mais, après tout, à chaque heure son œuvre, à chaque marche son étape. Le penseur prépare, l'homme politique attend. Une idée n'a droit à l'application qu'autant qu'elle a su convaincre et convertir. Ni trop tôt ni trop tard, voilà notre devise. Une nation ne déshérite jamais une autre de sa part de travail.

Il y a toujours à perfectionner dans ce monde, sans cela la veille n'aurait aucune raison de céder la place au lendemain ; mais au présent ce qui appartient au présent, et à l'avenir ce qui lui revient — autrement ce serait vouloir faire marcher l'aiguille de l'horloge avec la main pour lui faire sonner toutes les heures à la fois.

Quant à nous, messieurs, hommes de la première journée qui descendons l'autre pente de la colline, qui n'avons connu de notre idée aujourd'hui triomphante qeu les épreuves et les tristesses, nous pouvons maintenant nous retirer sans regret, nous emportons au fond du cœur la satisfaction religieuse du *nunc dimitte servum tuum.* Mais un jour peut-être, lorsque la République, rayonnante à l'horizon de toute la splendeur de son principe, sera devenue le centre de gravitation des autres peuples, quand elle sera la paix, non pas la paix léonine du vainqueur avec le vaincu, mais la paix fondée sur la justice et dans l'harmonie des intérêts et des sympathies d'idées — ce jour-là dans cette Provence prophétique, la première visitée par notre soleil, la patrie de naissance ou d'adoption de tous les grands orateurs de la liberté, oui, ce jour-là, les mères en berçant leurs nouveaux-nés à l'ombre de vos oliviers, qui ne seront pas seulement pour vous des récoltes, qui seront encore des symboles, — elles diront en elles-mêmes : nos fils pourront donc vivre sans craindre les rêves de sang ou les caprices de guerre d'un empereur ! et elles béniront en pensées les ouvriers connus ou inconnus depuis longtemps couchés sous l'herbe, qui, en remettant au peuple le gouvernement de lui-même, lui ont assuré en même temps la grandeur de la patrie et la joie du foyer.

CLERMONT (OISE). — IMPRIMERIE A. DAIX, RUE DE CONDÉ, 27.

www.ingramcontent.com/pod-product-compliance
Lightning Source LLC
LaVergne TN
LVHW010306230826
846091LV00007BB/2742

* 9 7 8 2 0 1 3 3 7 4 5 2 1 *